AF131749

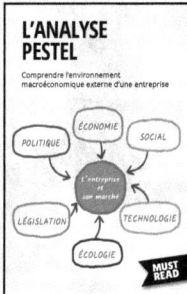

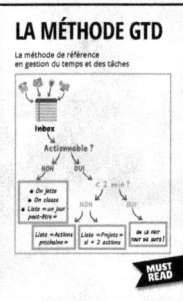

Une publication de Peter Lanore

LE BALANCED SCORECARD

Mesurer et gérer la performance avec le tableau de bord prospectif

LE BALANCED SCORECARD (BSC) 5

LE BALANCED SCORECARD (BSC)

INTRODUCTION

Le Balanced Scorecard est un outil de gestion stratégique qui permet aux organisations de traduire leur vision et leur stratégie en objectifs mesurables. Il s'agit d'un système de mesure de la performance qui utilise un ensemble équilibré d'indicateurs pour évaluer les résultats dans quatre perspectives clés :

- perspective financière ;
- perspective client ;
- perspective processus internes ;
- perspective apprentissage et croissance.

Le Balanced Scorecard est un outil utile pour les organisations qui cherchent à aligner leur stratégie et leur performance, et à communiquer efficacement leurs objectifs à tous les niveaux de l'entreprise. En utilisant des indicateurs clés pour mesurer la performance dans chaque perspective, les organisations peuvent identifier les domaines d'amélioration et prendre des mesures pour atteindre leurs objectifs à long terme.

DESCRIPTION

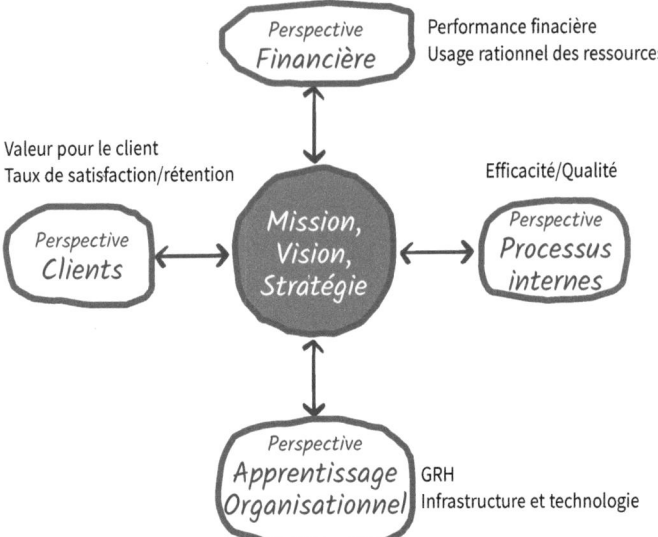

Le Balanced Scorecard (BSC) est un système de gestion stratégique développé par Robert Kaplan et David Norton dans les années 1990. Le BSC est une méthode de mesure de la performance qui permet aux organisations de traduire leur stratégie en objectifs mesurables et d'aligner les opérations sur ces objectifs.

Le BSC utilise quatre perspectives pour évaluer la performance de l'organisation : la perspective financière, la perspective client, la perspective processus internes et la perspective apprentissage et croissance. Chacune de ces perspectives est importante et interconnectée, et elles doivent être équilibrées pour assurer une performance globale de l'organisation :

- **perspective financière** : elle mesure la performance financière de l'organisation et s'intéresse à la rentabilité, à la croissance des revenus, au retour sur investissement, au coût des opérations, au flux de trésorerie, etc. Elle est importante, car elle permet de vérifier si l'organisation atteint ses objectifs financiers et si elle crée de la valeur pour les actionnaires ;

- **perspective client** : elle mesure la satisfaction et la fidélité des clients, ainsi que la qualité des produits et des services offerts. Elle est importante, car les clients sont au cœur de l'activité de l'organisation, et leur satisfaction est essentielle pour maintenir une base de clientèle fidèle et rentable ;

- **perspective processus internes** : elle mesure l'efficacité et l'efficience des processus internes de l'organisation, ainsi que la qualité de ses opérations. Elle est importante, car elle permet de vérifier si l'organisation est en mesure de produire des produits et des services de haute qualité de manière efficiente et efficace ;

- **perspective apprentissage et croissance** : elle mesure la capacité de l'organisation à se développer et à s'adapter, en se concentrant sur les domaines tels que la formation et le développement des employés, la gestion des connaissances, l'innovation, etc. Elle est importante, car elle permet à l'organisation de rester compétitive en améliorant constamment ses processus, ses produits et ses services, ainsi que ses compétences.

Chacune de ces perspectives est mesurée par un ensemble d'indicateurs clés de performance (KPI) qui reflètent les objectifs stratégiques de l'organisation. Les KPI sont sélectionnés en fonction des objectifs de l'organisation, et peuvent être quantitatifs (par exemple, le chiffre d'affaires) ou qualitatifs (par exemple, la satisfaction client). Les KPI sont suivis régulièrement et les résultats sont communiqués à tous les niveaux de l'organisation pour assurer l'alignement et l'engagement envers les objectifs stratégiques.

Balanced Scorecard

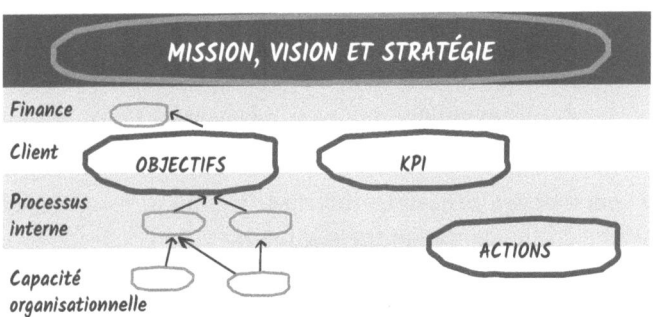

Le BSC est un outil de gestion stratégique puissant qui permet aux organisations de traduire leur vision et leur stratégie en actions concrètes et mesurables. En utilisant le BSC, les organisations peuvent identifier les domaines d'amélioration, prendre des mesures pour améliorer leurs performances et s'assurer que toutes les parties prenantes sont alignées sur les objectifs stratégiques de l'organisation.

COMMENT UTILISER LE BALANCED SCORECARD

L'utilisation du Balanced Scorecard (BSC) est un processus en quatre étapes.

1. **Définir la stratégie** : cela implique de clarifier la mission de l'organisation, de déterminer les objectifs à long terme, de définir les priorités stratégiques et de définir les mesures de succès.

2. **Identifier les indicateurs de performance** : cette deuxième étape consiste à identifier les indicateurs de performance pour chaque perspective du BSC. Les indicateurs de performance doivent être spécifiques, mesurables, pertinents, réalisables et temporels. Pour chaque indicateur de performance, il faut définir une cible à atteindre.

3. **Mesurer la performance** : la troisième étape consiste à mesurer la performance de l'organisation en utilisant les indicateurs de performance identifiés. Cela implique de collecter des données, de les analyser et de les comparer aux cibles fixées. Les résultats de la mesure de la performance doivent être communiqués à tous les niveaux de l'organisation.

4. **Prendre des actions d'amélioration** : la quatrième et dernière étape consiste à prendre des actions pour améliorer la performance de l'organisation. Cela implique de déterminer les causes des écarts entre les résultats réels et les cibles fixées, de déterminer les mesures à prendre pour corriger les écarts et de mettre en œuvre ces mesures.

Pour utiliser la BSC de manière efficace, il est important de veiller à ce que les indicateurs de performance soient équilibrés et cohérents avec la stratégie de l'organisation. Il est également important de communiquer les résultats de la mesure de la performance à tous les niveaux de l'organisation, pour assurer l'engagement et l'alignement envers les objectifs stratégiques. Enfin, il est important d'utiliser les résultats de la mesure de la performance pour prendre des décisions informées sur l'amélioration de la performance de l'organisation.

AVANTAGES ET FORCES

Le Balanced Scorecard (BSC) présente plusieurs avantages pour les organisations qui souhaitent améliorer leur performance. Voici quelques-uns des avantages les plus importants :

- le BSC permet aux organisations de traduire leur stratégie en objectifs mesurables et d'**aligner** tous les niveaux de l'organisation **sur la stratégie** et les objectifs. Cela assure que les opérations de l'organisation sont alignées avec les objectifs stratégiques, ce qui améliore l'efficacité et l'efficience des processus ;

- le BSC permet de **partager la compréhension** de la vision et la stratégie de l'organisation. Les employés comprennent ainsi également leur rôle dans la réalisation de ces objectifs. Cela favorise l'engagement et la motivation des employés, ce qui améliore la performance globale de l'organisation ;

- le BSC permet de **mesurer la performance** de l'organisation à l'aide d'indicateurs clés de performance pour chaque perspective. Cela permet de suivre les progrès réalisés par l'organisation et d'identifier les domaines d'amélioration ;

- le BSC permet de **communiquer efficacement** la stratégie et la performance de l'organisation à tous les niveaux de l'organisation de manière claire et concise. Cela assure que tous les employés comprennent les objectifs de l'organisation et sont alignés sur ces objectifs ;

- le BSC permet de **planifier les activités** de l'organisation et de **prendre des décisions** en fonction des résultats de la mesure de la performance. Cela permet à l'organisation d'adapter sa stratégie en fonction des résultats, ce qui améliore l'agilité et la flexibilité de l'organisation ;

- le BSC peut être utilisé pour **gérer les changements** dans l'organisation. Les changements peuvent être évalués à travers les perspectives de la BSC pour s'assurer que les objectifs stratégiques sont maintenus tout au long du processus de changement.

En résumé, le Balanced Scorecard est un outil de gestion stratégique puissant, qui permet aux organisations de traduire leur vision et leur stratégie en objectifs mesurables, de suivre leur performance, de communiquer efficacement avec tous les niveaux de l'organisation et de prendre des décisions éclairées pour améliorer la performance globale.

INCONVÉNIENTS ET LIMITES

Bien que le Balanced Scorecard (BSC) soit un outil de gestion stratégique utile, il existe également des inconvénients et des limitations à considérer :

- la mise en œuvre de la BSC peut être **complexe**, en particulier pour les organisations qui n'ont pas une compréhension claire de leur stratégie ou qui n'ont pas de mesures de performance appropriées. La définition d'indicateurs de performance pertinents et la collecte de données peuvent également être difficiles ;

- la mise en place de la BSC peut être **coûteuse**, en particulier pour les organisations qui ont besoin de modifier leur système d'information pour collecter et analyser les données de performance. Cela peut rendre l'utilisation de la BSC inabordable pour certaines petites entreprises ;

- les **mesures** de performance utilisées dans la BSC peuvent être **limitées**, car insuffisamment précises, ou ne pas capturer toutes les dimensions de la performance de l'organisation. Cela peut entraîner une dépendance excessive à l'égard de certaines mesures et négliger des aspects importants de la performance ;

- le BSC peut inciter les organisations à une **focalisation excessive** sur les indicateurs de performance mesurables, au détriment d'autres aspects de la performance qui sont plus difficiles à mesurer. Cela peut entraîner une négligence des processus clés et des facteurs de réussite importants ;

- il peut y avoir un **risque de mauvaise utilisation** du BSC si les indicateurs de performance sont mal définis ou si les résultats de la mesure de la performance sont utilisés de manière punitive. Cela peut entraîner des comportements inappropriés et une perte de confiance des employés envers le système;

- la **structure** du BSC peut être **trop rigide** pour certaines organisations qui ont des stratégies dynamiques ou qui opèrent dans des environnements en évolution rapide. La structure du BSC peut également ne pas être adaptée à certains types d'organisations ou industries.

ALTERNATIVES ET MODÈLES COMPLÉMENTAIRES

Il existe plusieurs alternatives et modèles similaires ou concurrents au Balanced Scorecard (BSC) pour la gestion stratégique des organisations. En voici quelques exemples:

- la méthode **OKR** (*Objectives and Key Results*) est un système de gestion de la performance qui se concentre sur la définition des objectifs spécifiques et mesurables et des résultats clés pour les atteindre. Contrairement à la BSC, qui utilise des mesures quantitatives pour suivre la performance, OKR met l'accent sur la définition d'objectifs ambitieux et spécifiques pour motiver les employés et promouvoir l'innovation;

- le modèle **PESTEL** (Politique, Économique, Sociologique, Technologique, Écologique et Légal) analyse de l'environnement externe qui aide les organisations à comprendre les facteurs qui influencent leur performance. Contrairement au BSC, qui se concentre sur la mesure de la performance interne, PESTEL examine l'environnement externe pour identifier les opportunités et les menaces pour l'organisation ;

- la méthode **Six Sigma** améliore la qualité en se concentrant sur la réduction de la variabilité et de la déviation dans les processus. Contrairement à la BSC, qui se concentre sur la mesure de la performance globale de l'organisation, Six Sigma se concentre sur l'amélioration des processus spécifiques pour améliorer la qualité et réduire les coûts ;

- la **théorie des contraintes** est une approche de la gestion qui se concentre sur l'identification et l'élimination des goulots d'étranglement dans les processus. Contrairement au BSC, qui se concentre sur la mesure de la performance globale de l'organisation, la théorie des contraintes se concentre sur l'amélioration des processus spécifiques pour améliorer la performance.

Il convient de noter que ces modèles peuvent être utilisés en combinaison avec le BSC pour améliorer la performance globale de l'organisation. Cependant, il est important de comprendre les avantages et les inconvénients de chaque approche et de choisir l'outil le mieux adapté aux besoins de l'organisation.

 **APPLICATIONS**

Voici un exemple pratique d'utilisation du Balanced Scorecard (BSC) pour une entreprise de services financiers.

1. *Définition de la stratégie* : l'entreprise de services financiers souhaite se concentrer sur la satisfaction des clients et l'efficacité opérationnelle pour améliorer sa rentabilité à long terme. Sa mission est de fournir des services financiers de haute qualité et de devenir le prestataire de choix de ses clients.

Pour distinguer visuellement cette partie applicative, ne pas utiliser le gras comme précédemment, mais l'italique pour mettre en avant les différents éléments

2. *Identification des indicateurs de performance* :

- perspective financière : retour sur investissement, croissance des bénéfices, marge bénéficiaire, coût des opérations ;
- perspective client : taux de satisfaction des clients, fidélité des clients, taux d'attrition des clients, qualité des services ;
- perspective processus internes : efficacité opérationnelle, qualité des processus, temps de traitement des transactions, taux d'erreur ;
- perspective apprentissage et croissance : formation et développement des employés, gestion de la connaissance, innovation, culture d'entreprise.

3. *Mesure de la performance* : l'entreprise collecte des données sur chaque indicateur de performance et les analyse régulièrement. Les résultats sont communiqués à tous les niveaux de l'organisation.

4. *Actions d'amélioration* : en fonction des résultats de la mesure de la performance, l'entreprise peut prendre les mesures suivantes :

   - perspective financière : réduire les coûts opérationnels en automatisant certains processus, optimiser l'utilisation des ressources pour améliorer la rentabilité ;

   - perspective client : améliorer la qualité des services en surveillant régulièrement le taux de satisfaction des clients, en collectant les commentaires des clients pour identifier les problèmes et en formant les employés pour améliorer leur service client ;

   - perspective processus internes : optimiser les processus opérationnels pour améliorer l'efficacité et la qualité des processus en utilisant des techniques d'amélioration continue ;

   - perspective apprentissage et croissance : investir dans la formation et le développement des employés pour améliorer leurs compétences, encourager la collaboration pour favoriser l'innovation, encourager une culture d'entreprise axée sur les clients.

En utilisant la BSC, l'entreprise de services financiers peut s'assurer que tous les aspects de sa performance sont évalués et que les actions d'amélioration sont prises en fonction des résultats de la mesure de la performance. La BSC permet également à l'entreprise de communiquer sa stratégie et ses objectifs à tous les niveaux de l'organisation et de s'assurer que tous les employés sont alignés sur ces objectifs.

Étude de cas : Amazon

Voici un exemple pratique de l'application du Balanced Scorecard (BSC) à Amazon, l'une des plus grandes entreprises de commerce électronique au monde.

1. *Définition de la stratégie* : Amazon a pour mission d'être « la société la plus centrée sur le client de la planète ». Sa stratégie repose sur la fourniture de produits et de services de haute qualité, une livraison rapide et fiable, ainsi que des prix compétitifs pour offrir une expérience client exceptionnelle.

2. *Identification des indicateurs de performance* :

   - perspective financière : chiffre d'affaires, bénéfice net, retour sur investissement, coûts d'exploitation, marges brutes, flux de trésorerie ;

   - perspective client : satisfaction des clients, taux de conversion, commentaires des clients, expérience utilisateur, rétention des clients ;

   - perspective processus internes : gestion de la chaîne d'approvisionnement, traitement des commandes, gestion des stocks, livraison et logistique, qualité des produits, respect des normes de sécurité ;

- perspective apprentissage et croissance : innovation, développement de nouveaux produits et services, acquisition de talents, culture d'entreprise, responsabilité sociale d'entreprise.

3. *Mesure de la performance* : Amazon collecte des données sur chaque indicateur de performance et les analyse régulièrement. Les résultats sont communiqués à tous les niveaux de l'organisation.

4. *Actions d'amélioration* : en fonction des résultats de la mesure de la performance, Amazon peut prendre les mesures suivantes :

  - perspective financière : investir dans des domaines rentables, optimiser les coûts d'exploitation, améliorer les marges en ajustant les prix, augmenter le flux de trésorerie en réduisant les délais de paiement ;

  - perspective client : améliorer la satisfaction des clients en fournissant un service client exceptionnel, améliorer l'expérience utilisateur en optimisant le site web et l'application, améliorer la livraison en augmentant la rapidité et la fiabilité ;

  - perspective processus internes : optimiser la chaîne d'approvisionnement pour réduire les coûts et augmenter la qualité, améliorer le traitement des commandes en automatisant les processus, améliorer la gestion des stocks en utilisant des techniques d'analyse prédictive, améliorer la qualité des produits en utilisant des normes de sécurité plus élevées ;

- perspective apprentissage et croissance : encourager l'innovation pour développer de nouveaux produits et services, investir dans l'acquisition de talents pour améliorer les compétences des employés, promouvoir une culture d'entreprise axée sur le client, soutenir des initiatives de responsabilité sociale d'entreprise pour améliorer la réputation de l'entreprise.

En utilisant le BSC, Amazon peut s'assurer que tous les aspects de sa performance sont évalués et que les actions d'amélioration sont prises en fonction des résultats de la mesure de la performance. Le BSC permet également à Amazon de communiquer sa stratégie et ses objectifs à tous les niveaux de l'organisation et de s'assurer que tous les employés sont alignés sur ces objectifs.

POUR ALLER PLUS LOIN

Voici quelques lectures pour aller plus loin sur le sujet du Balanced Scorecard. Ces livres sont une excellente ressource pour ceux qui souhaitent approfondir leurs connaissances sur le Balanced Scorecard et son utilisation dans la gestion stratégique des organisations.

- *The Balanced Scorecard: Measures that Drive Performance* de Robert S. Kaplan et David P. Norton. Ce livre est considéré comme l'une des principales sources d'information sur le Balanced Scorecard et fournit une introduction complète à la méthode.

- *The Strategy-Focused Organization: How Balanced Scorecard Companies Thrive in the New Business Environment* de Robert S. Kaplan et David P. Norton. Ce livre explore comment les organisations utilisent le Balanced Scorecard pour aligner leur stratégie et leur performance et pour réussir dans un environnement commercial en constante évolution.

- *The Balanced Scorecard: Translating Strategy into Action* de Robert S. Kaplan et David P. Norton. Ce livre fournit une introduction étape par étape à la mise en place du Balanced Scorecard dans une organisation, avec des conseils pratiques pour la définition de la stratégie, la mesure de la performance et l'alignement de l'organisation.

- *Strategy Maps: Converting Intangible Assets into Tangible Outcomes* de Robert S. Kaplan et David P. Norton. Ce livre explore comment les organisations peuvent utiliser les cartes stratégiques pour visualiser et communiquer leur stratégie, en utilisant le Balanced Scorecard comme base.

- *Balanced Scorecard Step-by-Step : Maximizing Performance and Maintaining Results* de Paul R. Niven. Ce livre fournit des conseils pratiques pour la mise en place du Balanced Scorecard dans une organisation, en mettant l'accent sur la planification stratégique, la définition des indicateurs de performance et la gestion du changement.

CONCLUSIONS ET RECOMMANDATIONS D'USAGE

Le Balanced Scorecard (BSC) est un outil de gestion stratégique utile, qui peut aider les organisations à traduire leur vision et leur stratégie en objectifs mesurables, à suivre leur performance, à communiquer efficacement avec tous les niveaux de l'organisation et à prendre des décisions éclairées pour améliorer leur performance globale. Cependant, pour utiliser le BSC de manière efficace, il est important de comprendre ses avantages, ses inconvénients et ses limitations, et de les prendre en compte dans la mise en œuvre du système.

Voici quelques recommandations pour utiliser la BSC de manière efficace :

- impliquez tous les niveaux de l'organisation. Le BSC doit être compris et utilisé à tous les niveaux de l'organisation, depuis la direction jusqu'aux employés de base. Il est important que tous les employés comprennent la vision et la stratégie de l'organisation et leur rôle dans la réalisation des objectifs ;

- choisissez les indicateurs de performance appropriés, et ce, pour chaque perspective de la BSC. Les indicateurs de performance doivent être mesurables, pertinents et alignés sur les objectifs stratégiques de l'organisation ;

- mesurez la performance régulièrement pour vous assurer que l'organisation est sur la bonne voie pour atteindre ses objectifs. Les données doivent être analysées en profondeur pour identifier les domaines d'amélioration ;

- prenez des actions d'amélioration en fonction des résultats de la mesure de la performance. Les actions doivent être alignées sur les objectifs stratégiques de l'organisation et doivent être communiquées à tous les niveaux de l'organisation ;

- adaptez le BSC à votre organisation pour répondre aux besoins spécifiques de votre organisation. Les perspectives du BSC peuvent être ajustées ou des sous-perspectives peuvent être ajoutées pour refléter les priorités de l'organisation.

En suivant ces recommandations, l'utilisation du Balanced Scorecard peut aider les organisations à améliorer leur performance, à communiquer efficacement leur stratégie et leurs objectifs, et à prendre des décisions éclairées pour réussir dans un environnement commercial en constante évolution.

Votre avis nous intéresse !
Laissez un commentaire sur le site de votre librairie en ligne
et partagez vos coups de cœur sur les réseaux sociaux !

L'éditeur veille à la fiabilité des informations publiées, lesquelles ne pourraient toutefois engager sa responsabilité.

www.50minutes.com

ISBN version numérique : 9782808696319
ISBN version papier : 9782808695817
Dépôt légal : D/2023/12603/1956

Couverture : © Primento

Conception numérique : Primento, le partenaire numérique des éditeurs